ДЕРЕК ПРИНС

I0162762

# Сила через слабость

2014

Все выдержки из Нового и Ветхого Заветов
(кроме отмеченных особо) взяты из Синодального перевода
Библии на русский язык.

# STRENGTH THROUGH WEAKNESS
Derek Prince
R059 radio massage from series:
"Keys For Successful Christian Living"

Derek Prince Ministries – International
P.O.Box 19501, Charlotte, NC 28219-9501, USA

# СИЛА ЧЕРЕЗ СЛАБОСТЬ
Дерек Принс
№59 из 140 радио-проповедей серии:
«Ключи успешной христианской жизни»

Переведено и издано
Служением Дерека Принса на русском языке
Translation and publication by Derek Prince Ministries –
Russia

Вы можете написать нам по адресу:
Служение Дерека Принса
а/я 72
Санкт-Петербург
191123
Россия

Служение Дерека Принса
а/я 3

Москва
107113
Россия

Вы можете обратиться к нам
через интернет:
info@derekprince.ru

или посетить нашу страницу:
www.derekprince.ru

DEREK
PRINCE
MINISTRIES
RUSSIAN WORLDWIDE

# БОЖЬЯ СИЛА И БОЖЬЯ МУДРОСТЬ

Название темы, к изучению которой мы приступаем, звучит парадоксально: «Сила через слабость». Но этот парадокс содержит ключ к безграничным Божьим источникам силы и мудрости, которые не откроются нам никак иначе.

Очень многое в Библии и в христианской вере полностью противоречит мудрости и путям этого мира. Мир имеет свой образ мышления, свои стандарты, он действует по своим принципам. Однако очень часто то, что открывает Бог в Своем Слове прямо противоположно всему этому. Бог смотрит на вещи совершенно с другой точки зрения. Одним из неоценимых благословений Библии является то, что она делает нас способными получать Божий взгляд на вещи.

Пророк Исаия очень наглядно показывает нам том, как далеки Божьи пути и мысли от человеческих. Вот что Бог говорит через него в Книге пророка Исаии 55:8-9:

*Мои мысли – не ваши мысли, ни ваши пути – пути Мои, говорит Господь. Но как небо выше земли, так пути Мои выше путей ваших, и мысли Мои выше мыслей ваших.*

Как видите, между уровнем Божьих путей и мыслей и уровнем человеческих путей и мыслей существует глубокая пропасть, через которую человек не в состоянии перебросить мост. Человеческие пути и мысли находятся на земном уровне, в то время как Божьи пути и мысли находятся на небесном уровне. Но хорошая новость (греческое слово «Евангелие» буквально означает: «хорошая новость», — примеч. переводчика) состоит в том, что Бог предусмотрел средство, при помощи которого Его пути и мысли могут быть сведены на земной уровень и быть переданы нам. Этим каналом принятия Божьих путей и мыслей является Его Слово. В следующих двух стихах Бог продолжает, Книга пророка Исаии 55:10-11:

*Как дождь и снег нисходит с неба и туда не возвращается, но напояет землю и делает ее способною рождать и произращать, чтобы она давала семя тому, кто сеет, и хлеб тому, кто ест, – так и слово Мое, которое исходит из уст Моих...*

Итак, произносимое Богом слово подобно дождю и снегу, которые сходят на землю и делают ее способной приносить плод.

*...оно не возвращается ко Мне тщетным, но исполняет то, что Мне угодно, и совершает то, для чего Я послал его.*

То же самое относится и к рассматриваемому нами вопросу силы и мудрости. И здесь Божьи стандарты совершенно отличаются от наших. Но благодаря Божьему Слову мы получаем возможность видеть все с Божьей точки зрения.

Давайте обратимся к Первому посланию Коринфянам, где апостол Павел указывает на различия между Божьими и мирскими стандартами силы и мудрости. 1-е Коринфянам 1:22-25:

*Ибо и Иудеи требуют чудес, и Еллины ищут мудрости; а мы проповедуем Христа распятого, для Иудеев соблазн, а для Еллинов безумие, для самих же призванных, Иудеев и Еллинов, Христа, Божию силу и Божию премудрость...*

А теперь послушайте заключительный стих:

*...потому что немудрое Божие премудрее человеков, и немощное Божие сильнее человеков.*

Один из переводов звучит так (Перевод Международного Библейского общества):

*Ведь в «глупости» Божьей куда больше мудрости, чем в человеческой мудрости, и в «слабости» Божьей куда больше силы, чем в человеческой силе.*

Итак, здесь мы имеем то, что в глазах мира является глупостью и слабостью, но с Божьей точки зрения — здесь сокрыта мудрость и сила. Это противоречит тому, что люди этого мира (как иудеи, так и язычники) считают признаками мудрости и силы.

Затем, мы должны понять, что немудрое и слабое Божье выражено при помощи всего двух слов: «Христос распятый». Распятие Иисуса — это Божье немудрое и немощное. Тем не менее, это мудрее и сильнее любого, что человек может противопоставить этому. Распятие на кресте в глазах этого мира является выражением позора, слабости и полного поражения. Однако, именно крест Христа является ключом к славе, силе, мудрости и победе. Вот разница между Божьими и человеческими путями.

Одно мы должны понять очень четко, что крест Христов был предопределен Богом. Совсем не так, что что-то вышло из-под контроля, и Бог был вынужден пойти на это. Распятье не было «пожарным средством». Оно не было вынужденной мерой по спасению человечества. Оно являлось осуществлением Божьего плана. Оно было выражением Божьей мудрости. Оно было выражением Божьей силы.

Говоря с евреями о смерти Иисуса в день Пятидесятницы, Петр произносит такие слова, Деяния 2:23:

> *Сего, по определенному совету и предведению Божию преданного, вы взяли и, пригвоздив руками беззаконных, убили.*

Обратите внимание на фразу: «по определенному совету и предведению», т.е. согласно решению, которое Бог сделал заранее, и благодаря знанию, которое Он имел наперед. Бог-Отец знал, что Иисус будет распят. Сам Иисус знал, что будет распят. Он много раз предупреждал об этом Своих учеников. Он говорил им в деталях, что должно будет произойти. Но поскольку они еще не познали Божьей мудрости и силы, — поскольку они продолжали мыслить так, как мыслят люди этого мира и видели в кресте слабость, глупость и поражение, — то они не могли принять то, что Иисус говорил им. Мир не мог понять это, и ученики поначалу не понимали это. Но мы должны помнить, что крест Иисуса является выражением Божьей мудрости и силы, и является славным и совершенным исполнением Божьей цели.

Книга Откровение 13:8 называет Иисуса «Агнцем, закланным от создания мира». Это прекрасное описание. Как видите, смерть Иисуса не была случайной. Это не было чем-то, о чем можно сказать: «Так уж произошло... Как это ни прискорбно, но вот такое несчастье случилось в человеческой истории...». Бог предузнал это еще до сотворения мира. Когда Бог творил мир и человека, Он уже знал, что в конечном итоге пошлет Своего Сына на крест. В глазах мира это глупость и слабость, но для тех, чьи глаза были открыты благодаря Духу и Слову Божьему, это мудрость и сила.

Есть еще один отрывок из Первого послания Коринфянам, в котором Павел противопоставляет мудрость этого мира мудрости Божьей. Вот что он пишет, 1-е Коринфянам 2:6-10:

> *Мудрость же мы проповедуем между совершенными, но мудрость не века сего и не властей века сего преходящих, но проповедуем премудрость Божию, тайную, сокровенную, которую предназначил Бог прежде веков к славе нашей...*

Далее Павел снова говорит о кресте Христовом. Но обратите внимание, что это является мудростью, скрытой от понимания людей этого мира — особенно от правителей этого мира. Однако, это было предопределено Богом еще до начала времени и это было предопределено для нашей славы. Прекрасная мысль, не правда ли? Затем Павел продолжает в восьмом стихе:

> *...Которой никто из властей века сего не познал; ибо если бы познали, то не распяли бы Господа славы. Но, как написано* (Павел цитирует слова пророка Исаии): *не видел того глаз, не слышало ухо, и не приходило то на сердце человеку, что приготовил Бог любящим Его. А нам Бог открыл это Духом Своим; ибо Дух все проницает, и глубины Божии.*

Таким образом, через тайную мудрость креста Христова мы можем видеть то, что не может понять или представить никакой человеческий разум, что не могут распознать человеческие чувства — мы можем видеть то, что Бог приготовил для любящих Его. Это открывается только Духом Святым. Это открывается только через крест Христов.

Итак, здесь мы видим два вида мудрости и два вида силы. Во-первых, мудрость и сила правителей этого мира, которые предали Иисуса крестной смерти. Во-вторых, мудрость и сила Бога, выразившиеся в кресте Иисуса.

Всякий раз, когда я читаю это место Писания, оно особенным образом обращается ко мне, потому что на протяжении многих лет я сначала изучал, а потом и сам преподавал философию. Греческое слово «философия» означает «любовь (или стремление) к мудрости». Таким образом, многие годы я усиленно искал мудрость, но это была лишь мудрость этого мира и она никогда не удовлетворяла меня по-настоящему. Я все время чувствовал, что должно быть что-то, что принесет мне более полное удовлетворение. Затем, когда я пришел к познанию Иисуса и пониманию Библии, то обнаружил, что Бог приготовил тайную мудрость для Своего народа, которая сильно отличается от мудрости этого мира.

К тому же я обнаружил, что есть только одна дверь к этой тайной мудрости и этой дверью является крест Христов. Только тогда, когда мы осознаем все его значение, когда мы верой примем то, что было приобретено для нас на Голгофском кресте, и когда мы позволим принципам креста работать в нашей собственной жизни, тогда мы начнем приобретать эту тайную мудрость и силу Божью. Мудрость, которая является глупостью для мира, и силу, которая является слабостью для мира. Но, тем не менее, Божья мудрость мудрее этого мира, а Божья сила сильнее этого мира.

# МЕРА ИСТИННОЙ СИЛЫ

Мы продолжаем изучение нашей парадоксальной темы: «Сила через слабость». Темы, в которой содержится ключ к безграничным Божьим ресурсам силы и мудрости, которых мы не сможем достичь никаким иным способом.

В предыдущей части мы говорили о той огромной пропасти, которая разделяет наши пути и мыли от Божьих путей и мыслей. Этот мир думает определенным образом, имеет свои стандарты, действует по своим принципам. Однако то, что Бог открывает в Своем Слове полностью противоположно всему этому. Бог смотрит на вещи совершенно с другой точки зрения. Одним из бесценных благословений Библии является то, что она делает нас способными смотреть на вещи с Божьей точки зрения.

Это касается и Божьего взгляда на силу, и человеческого понимания силы. В этом вопросе Божьи стандарты совершенно отличаются от человеческих стандартов. Это естественно вызывает вопрос: «Каким же является Божий стандарт силы?» Полагаю, ответ на этот вопрос мы можем найти в словах апостола Павла в Послании Римлянам 15:1:

*Мы, сильные, должны сносить немощи бессильных и не себе угождать.*

Когда Бог впервые открыл мои глаза на то, как Он измеряет силу, то это произвело на меня глубокое и неизгладимое впечатление. Я попытаться выразить это в своей книге «Благодать уступчивости». Вот отрывок, который идет сразу после цитаты из Послания Римлянам 15:1: *«Мы, сильные, должны сносить немощи бессильных и не себе угождать»:*

Верю, что это является Библейским определением силы. Сила измеряется не тем, как много я могу сделать, но скорее тем, как много слабостей других людей я могу понести. Доставляет большое удовлетворение быть сильным в своих собственных способностях, в своем собственном служении, в своем собственной жизни, быть человеком, который имеет ответы на все вопросы, однако для этого не требуется много духовной силы. Но нести немощи других людей — вот для чего действительно необходима духовная сила!

Полагаю, что согласно Писанию наша духовная сила определяется пропорционально тому, насколько мы способны поддерживать и нести немощи других людей. Лично для меня это никогда не было легко.

Это полностью противоречит духу века сего. Дух этого века говорит: «Возьми себе самое лучшее, что сможешь… Пусть слабые сами позаботятся о себе…» Недавно я размышлял по поводу абортов, которые лично для меня являются самым жутким и ненавистным злом. Но если вы будете рассуждать над этим вопросом с некоторыми людьми, то они начнут оправдывать это тем, что таким образом не будут рождены в мир очень много нежеланных детей. Они будут говорить вам о незаконных детях или о детях из проблемных семей или от плохих матерей: *«Мы просто лишаем их жизни,* прежде чем они выйдут из утробы». Я знаю на основании своего опыта служения, что Бог называет это убийством. Наша жизнь подтверждает это, и я верю и вижу, что Писание ясно говорит, что это именно так, и вы никак не сможете оправдать аборт в свете Библии.

Однако сейчас мне бы хотелось заострить ваше внимание на той мысли, что как только мы начинаем решать, что правильно на основании того, что нам удобно, мы сразу становимся на скользкий путь, который ведет вниз к жуткому беззаконию и хаосу. Сразу же возникнет следующий вопрос: *«А как тогда относиться к детям, которые родились безнадежными инвалидами, жизнь которых ничем не отличается от жизни овоща?* Почему мы должны сохранять жизнь им?» В Калифорнии уже был случай, когда перед судом предстали родители, которые сознательно не кормили своего ребенка, который родился безнадежно недееспособным. Они не кормили его и просто позволили ему умереть.

Когда мы таким образом разберемся с инвалидами, тогда мы приступим к умственно больным людям, престарелым и т.д. Затем мы будем вычеркивать из жизни одну за другой категорию людей, и все это будет делаться во имя гуманности.

Хочу сказать вам, что это не христианское решение проблем. Не просто потому, что аборты запрещены Богом, но и потому что отношение, которое стоит за этим, абсолютно не христианское. Будучи христианами мы не вычеркиваем слабых. Мы даже не сдаем их в специальное учреждение и предаем их забвению, зная, что мы их никогда больше не увидим, и что нам можно будет не заботиться о них.

Одной из отличительных черт христиан первого века было то, что они заботились о слабых и больных людях. Они не вычеркивали их. Вот что действительно впечатляло античный мир. Их современники не могли понять, что заставляет этих христиан заботиться о людях, которые не могут ничего предложить взамен, которые полностью зависят от других. Но я пришел к выводу, что если мы вычеркиваем из жизни людей немощных, которые нуждаются в нас — это не сила, а слабость.

Есть немощные, больные, слабые верующие, которые являются проверкой нашей духовной силы. По всей видимости, мы все должны придти к такому состоянию, когда мы не сможем позволять себе жить по общепринятым стандартам этого века. Если я христианин, то моим первым мотивом будет, не устранится так далеко, насколько это возможно по закону. Моим первым мотивом будет угождение Иисусу Христу во всем, что я делаю.

Если уж мы начали жить, ища того, что угождает Иисусу, то мы обязательно будет вести такой образ жизни, который будет совершенно отличаться от жизни необращенных людей вокруг нас. Тогда нам не надо будет слишком много объяснять что-то, наша жизнь угождения Иисусу сама по себе выделит нас из общей массы.

Это был отрывок из моей книги «Благодать уступчивости». Добавлю еще немного из личного опыта. В отличие от многих из вас, кто слушает меня, я вырос в Европе и живу достаточно долго, чтобы помнить развитие тех событий, которые происходили в нацистской Германии перед началом Второй Мировой войны. Гитлер не начал сразу с геноцида шести миллионов евреев. Нацисты начинали понемногу. Сначала они систематически, и «основываясь на науке», ликвидировали людей «непригодных», «недееспособных», «бесполезных», которые не могли сделать никакого взноса в созидание государства: умственно отсталых, психически нездоровых, безнадежно ущербных, неизлечимо больных, престарелых и немощных. Однако нацисты не остановились на этом. Произошедшее в нацисткой Германии очень похоже на то, что происходило в Израиле во дни Осии. Книга пророка Осии 8:7:

*Так как они сеяли ветер, то и пожнут бурю.*

Понимаете ли вы значение этих слов? Мы можем начать с чего-то маленького, что, как нам кажется, мы можем контролировать, и хотя это является злом, но не слишком большим. Однако этот ветер перерастает в бурю, что-то огромное, что мы уже не можем контролировать, что является ужасным по своим последствиям.

Так это было в нацисткой Германии. То, что начиналось как «научное» устранение недееспособных и бесполезных, закончилось как массовое поголовное убийство шести миллионов евреев — часть которых была одними из самых одаренных, творческих и продуктивных немецких граждан — не считая, пожалуй, такое же количество посвященных христиан, которые были гонимы за то, что не преклонили колен перед идолом Фюрера и Государства.

Многие тенденции, которые выразились в нацисткой Германии в 30-е годы, сегодня проявляются в нашей современной культуре, часто прикрытые тщательно подобранной научной терминологией. Удивляюсь, как много людей осознают, что конец этого может быть такой же, каким был конец гитлеровской Германии. Это те люди, которые сеют ветер, и в конечном итоге неизбежно пожнут бурю.

Есть ли какой-нибудь способ приостановить этот процесс, прежде чем мы будем опрокинуты бурей? Могут ли христиане сделать что-нибудь для этого? Да, я верю, что могут.

В Евангелии от Матфея 5:13 Иисус говорит нам, что мы являемся «солью земли». Что означает фраза «соль земли»? Позвольте мне вкратце указать на три функции соли, которые применимы к нам, как христианам.

Во-первых, соль очищает и обеззараживает. Она является антисептическим средством.

Во-вторых, соль сохраняет, предохраняет от гниения. В те времена, когда еще не было холодильников, то моряки, например, отправляющиеся в дальнее плавание, брали с собой засоленную пищу. Соль сдерживала процесс гниения, который происходил в пище. Итак, соль сохраняет, она задерживает процесс гниения.

В-третьих, соль придает вкус, когда пища пресная и невкусная.

Полагаю, что все эти три функции соли применимы к нам, христианам, в нашем сегодняшнем обществе. Мы обязаны делать для нашего общества то, что соль делает в естественном плане.

Во-первых, мы обязаны самим своим присутствием, своим влиянием и молитвами очищать и освящать наше общество. Мы должны быть очищающим влиянием, которое идет наперекор силам зла и противостоит их влиянию.

Во-вторых, мы предохраняем наше общество и противостоим процессу разложения. Работа разложения видна во всех сферах нашей жизни: социальной, политической, моральной, образовательной. Но мы должны оказывать влияние, которое сдерживает эти силы разложения, не давая им свободу действий.

В-третьих, мы являемся тем, чем является соль для пищи. Мы делаем место нашего нахождения вкусным, приемлемым и желаемым для Бога. Своим присутствием мы придаем нашему обществу вкус, которые сохраняет милость Божью над ним. Само наше присутствие сдерживает Божий суд и вызывает Божью милость на тех, среди которых мы живем. Вспомните, что Бог говорил Аврааму о Содоме, что если Он сможет найти хотя бы десять праведников в этом большом городе, то Он пощадит весь город ради этих десяти человек. Вот что значит быть солью. Это значит, что даже будучи маленькими крупицами соли рассеянными посреди нашего общества, мы изменяем то, как Бог будет работать с нашим обществом.

Основной способ, как мы можем сделать это сегодня, это продемонстрировать миру такого рода силу, о которой мир ничего не знает. Не ту, которая является жесткой, грубой и агрессивной, которая подавляет других, но ту, которая поднимает их. Силу, которая не порабощает и не эксплуатирует, но освобождает и заботиться. Силу, которая не уничтожает, а исцеляет.

# ОБМЕН СИЛОЙ

В предыдущей части мы говорили о том, что существуют два абсолютно разных рода силы. Первый род силы понимается и подтверждается этим миром. В то время как о втором роде силы мир не знает ничего. Сила, понимаемая этим миром, представлена политической и военной силой. Она правит, контролирует, подчиняет, доминирует, навязывает свою волю. Ее мотивации в основе своей эгоистичны. Она преследует свои собственные цели, свою собственную выгоду — а не пользу тех, кого она порабощает. Кто-то может назвать это силой животной, силой хищника, такого как лев, тигр или леопард.

Очень интересно, что в Библии, в ее пророческом предвидении окончания века сего, различные политические силы, которые появятся на сцене истории, представлены дикими хищниками: лев, медведь, леопард и т.д. Это все указывает на тот вид силы, которая будет играть возрастающую роль в событиях, которые приведут к окончанию века сего.

С другой стороны, давайте обратимся к последней книге Библии, — к книге Откровение, — где описывается триумфальное исполнение всех Божьих намерений. Эта книга показывает Иисуса как верховного Господа всей Вселенной, и в ней содержится провозглашение, что Иисус является «Львом из колена Иудина». Однако, когда Иоанн, услышав это провозглашение, обернулся и взглянул и взглянул чтобы увидеть, кто назван «Львом из колена Иудина», увидел не льва, а «Агнца как бы закланного». Откровение 5:5-6:

> И один из старцев сказал мне: не плачь; вот, лев от колена Иудина, корень Давидов, победил, и может раскрыть сию книгу и снять семь печатей ее. И я взглянул, и вот, посреди престола и четырех животных и посреди старцев стоял Агнец как бы закланный, имеющий семь рогов и семь очей, которые суть семь духов Божиих, посланных во всю землю.

В самом центре всей Вселенной, в месте верховной власти и почета, стоит Агнец как бы закланный. Повернувшись, Иоанн ожидал увидеть льва, а увидел ягненка. Все это говорит, настолько ясно и лаконично, насколько это вообще возможно, о разнице между тем, как мир видит силу, и как Бог видит ее. Мир видит льва как символ сильного, неукротимого зверя. Но Бог видит другой вид силы в Агнце как бы закланном.

Этот Агнец имеет семь рогов и семь глаз, о которых сказано, что это семь духов Божьих (или семигранный Дух Божий). В Библии рога являются символом силы, а глаза являются символом мудрости. Все это говорит о духовном, пришедшем от Духа. Духовные вещи отличаются от того, что находит понимание и признание у этого мира.

Это такой вид силы, который мир рассматривает как слабость. Это такая мудрость, которую мир считает глупостью. Но давайте вспомним, что говорит нам Павел в Первом послании Коринфянам 1:25:

*Потому что немудрое Божие премудрее человеков, и немощное Божие сильнее человеков.*

Мы говорили в предыдущей части, что эта сила приходит к нам от Бога только через один канал и этим каналом является крест Иисуса Христа. На Голгофском кресте произошел предопределенный Богом обмен. Иисус, — безгрешный Сын Божий, — Он взял на Себя все зло, которое полагалось нам — грешникам и бунтарям; чтобы мы, со своей стороны, могли получить все добро, которое полагалось Иисусу. Он умер нашей смертью, чтобы мы могли получить Его жизнь. Он взял на Себя грех, чтобы мы могли получить Его праведность. Он взял на Себя проклятье, чтобы мы могли получить благословение. Он был изранен и мучим, чтобы мы могли быть исцелены.

В этот обмен входит очень многое, но, говоря о нашей теме, мы можем отметить тот аспект этого обмена, что через смерть Иисуса на кресте, — символе слабости и безумия, — мы могли принять силу и мудрость Божью. *Через крест Иисуса Бог предлагает нам*

*Свою силу вместо нашей слабости, и Свою мудрость вместо нашей глупости.* Они приходят к нам, когда мы в терпении и вере ожидаем их у подножья креста Христова.

Есть прекрасные слова в 40-й главе Книги пророка Исаии, которые описывают разницу между естественной силой и Божьей силой, и говорят о том способе, как мы можем обменять нашу собственную ограниченную силу на безграничную силу Божью. Исаия 40:28-31:

> *Разве ты не знаешь? разве ты не слышал, что вечный Господь Бог, сотворивший концы земли, не утомляется и не изнемогает?* (это безграничные ресурсы силы Божьей!) *разум Его неисследим* (это безграничная мудрость Божья!). *Он дает утомленному силу, и изнемогшему дарует крепость. Утомляются и юноши и ослабевают, и молодые люди падают, а надеющиеся на Господа обновятся в силе: поднимут крылья, как орлы, потекут — и не устанут, пойдут — и не утомятся.*

Здесь перед нами яркий контраст между естественной и Божьей силой. Естественная сила представлена юношами и молодыми людьми. Однако их естественной силы недостаточно. *«Утомляются и юноши и ослабевают, и молодые люди* (как сказано в другом переводе «энергичные молодые люди») *падают* («устало спотыкаются»)...». Главная мысль заключается в том, что естественной силы недостаточно. Для нее есть альтернатива: когда мы уповаем на Господа (буквальный перевод: «ожидаем Господа») мы получаем новую силу. В еврейском оригинале дословно говорится следующее: «мы обменяемся силой». Вот действительный смысл происходящего. Мы приходим к концу нашей собственной силы и вместо своей слабости мы получаем Божью силу.

Когда мы приходим к концу всего, что мы сами можем сделать, тогда нам открывается доступ к Божьей силе. Обратите внимание, что это сила сделает для нас. Мы поднимем крылья как орлы, потечем — и не устанем, пойдем — и не утомимся. Здесь есть три прообраза силы. Во-первых, взмывающий ввысь орел, который затем парит в облаках намного выше всех остальных птиц. Это очень впечатляющая и захватывающая картина. Во-вторых, интенсивная активность: мы потечем («побежим») — и не устанем. Но не надо забывать и третье: мы пойдем — и не утомимся.

Как вы думаете, что тяжелее? Парить, бежать или идти? Поверьте мне, самое трудное из этих трех — это идти. Ежедневные утомительные обязанности, которые кажутся однообразными, монотонными, скучными, когда мы задумываемся о том, имеет ли какой-то смысл то, что мы делаем? Но когда мы уповаем на Бога, когда мы ожидаем у подножья креста, тогда мы получаем силы для всего: чтобы парить, бежать и идти.

В заключение этой части мне бы хотелось прочесть личное свидетельство Павла о том, как он в своей слабости находил силу. Эти слова записаны во Втором послании Коринфянам. Они чудесным образом суммируют ту мысль, которую я хочу передать вам. Павел был человеком с потрясающими откровениями. Он принял от Бога удивительную истину, которая была благословением для христиан всех следующих поколений. Но чтобы получить ее, Павел заплатил цену. Вот, что он пишет во Втором послании Коринфянам 12:7-10:

*И чтобы я не превозносился чрезвычайностью откровений, дано мне жало в плоть, ангел сатаны, удручать меня, чтобы я не превозносился.*

На жизнь Павла влияла некая духовная сила, которая не была естественной, но демонической. Много раз они приводила его в состояние агонии, и была причиной множества его проблем.

*Трижды молил я Господа о том, чтобы удалил его от меня. Но Господь сказал мне: «довольно для тебя благодати Моей, ибо сила Моя совершается в немощи». И потому я гораздо охотнее буду хвалиться своими немощами, чтобы обитала во мне сила Христова. Посему я благодушествую в немощах, в обидах, в нуждах, в гонениях, в притеснениях за Христа, ибо, когда я немощен, тогда силен.*

Это звучит парадоксально, не правда ли? «Когда я немощен, тогда силен». Другими словами, когда я подхожу к концу своих собственных сил, всей своей мудрости и сообразительности, всех своих способностей, когда у меня больше нет ответов, когда я прижат к земле — тогда мне открывается доступ к Божьей сверхъестественной силе. И Бог был так милостив и добр к Павлу, что не забирал это давление, потому что Он знал, что это давление приведет Павла в то место, где он откроется для того, чтобы принять сверхъестественную силу и способность.

Всем нам необходимо научиться этому жизненно важному уроку, что в нашей христианской жизни однажды мы должны оказаться в том месте, где придет конец нашей силы, где мы не сможем ничего делать сами. Но в тот момент мы не сдадимся, а обратимся к Богу. И благодаря Кресту и нашему упованию на Господа, как сказал пророк Исаия, Божья сверхъестественная сила и мудрость откроются нам. Еще раз послушайте слова Павла:

*Посему я благодушествую в немощах, в обидах, в нуждах, в гонениях, в притеснениях за Христа, ибо, когда я немощен, тогда силен.*

Вы когда-нибудь осознавали это? Осознавали ли вы, что через вашу слабость в вашу жизнь войдет Божья сила от креста Иисуса?

# ПШЕНИЧНОЕ ЗЕРНО

Мы продолжаем наше исследование темы: «Сила через слабость». В предыдущей части мы рассмотрели два разных вида силы: 1) сила, которую понимает и признает этот мир, и 2) сила, которая приходит только от Бога и только через крест Иисуса Христа. Второй вид силы является духовным. В глазах этого мира — это слабость. Тем не менее, именно второй вид силы в конечном итоге увенчается триумфом и будет движущей силой всей Вселенной.

Та сила, которую признает мир, это сила неукротимого зверя: льва, тигра или леопарда. Единственный закон, который ими соблюдается, это закон джунглей. Но сила, которая приходит от Бога, находит выражение в закланном Агнце, что в глазах этого мира является прямой противоположностью силы. Закланный ягненок выглядит признаком немощи и слабости.

В этой части мы попытаемся дать ответ на вопрос: как в нашей жизни может быть высвобожден этот второй вид силы — той силы, которая приходит только от Бога, выражением которой является закланный Агнец?

Если бы мне предложили ответить на этот вопрос одним словом, то я бы сказал так: «поддатливость». Чтобы объяснить, что я имею в виду, позвольте обратить вас к двум отрывкам из Евангелий, которые содержат слова Иисуса. Итак, Евангелие от Луки 9:23-24:

> Ко всем же сказал: если кто хочет идти за Мною, отвергнись себя, и возьми крест свой, и следуй за Мною. Ибо кто хочет душу свою сберечь, тот потеряет ее; а кто потеряет душу свою ради Меня, тот сбережет ее.

Эти слова касаются абсолютно всех, без исключений. Если кто хочет следовать за Иисусом, то он должен — у него нет выбора — сделать три вещи: 1) он должен отвергнуть себя, 2) ежедневно брать свой крест, и 3) следовать за Иисусом. Итак, прежде чем следовать за Иисусом, мы должны сделать еще кое-что. Мы не сможем следовать за Иисусом, пока мы не научимся ежедневно отвергать себя и брать свой крест.

Что значит *отвергнуть себя*? Это не сложно. Чтобы понять это, вам не надо быть теологом. Все мы знаем значение слова «отвергать». «Отвергнуть» значит сказать «нет». Именно это мы должны делать. Мы должны отвергнуть свое «я». Мы должны сказать «нет» самим себе.

Внутри каждого из нас сидит наше «эго», наша душа, которая желает отстаивать себя. Она полна своих собственных желаний, мнений, стремлений, недовольств. Она всегда говорит в таком духе: *«Я хочу… Я думаю… А вот я чувствую… Я — важный… Спроси меня… Ублажи меня… Я — твоя жизнь»*. И до тех пор, пока мы слушаем свое «эго», которое есть у каждого из нас, которое по природе своей является бунтарем, не гармонирует с волей и целями Божьими и никогда не сможет выполнить их — пока мы слушаем свое «эго» — до тех пор мы не сможем следовать за Иисусом.

Первое, чему нам необходимо научиться, это говорить «нет» своему «эго». Оно говорит: *«Я хочу…»*. Мы отвечаем: *«Неважно, что ты хочешь»*. Оно говорит: *«Я думаю…»*. Мы отвечаем: *«Имеет значение не то, что думаешь ты, но что говорит Бог»*. Оно говорит: *«Я чувствую…»*. Мы отвечаем: *«Неважно, что ты чувствуешь, важно то, во что я верю»*. Вот ответ для нашего «эго», и мы должны научиться давать его.

После того, как мы сказали «нет» нашему «эго», ищущей своего душе, которая есть у каждого из нас, мы должны ежедневно брать свой крест. Что является вашим крестом? Позвольте мне сказать две вещи о вашем кресте. Однажды я услышал это от одного брата-проповедника, и это слово навсегда осталось в моем сознании. Ваш крест — это то место где Божья воля и ваша перекрещиваются. Иисус пришел на это место в Гефсиманском саду. Это было тем местом, где Он впервые встретил Свой крест. Помните Его слова (Матф. 26:38-44): *«Отче Мой! если возможно, да минует Меня чаша сия; впрочем, не как Я хочу, но как Ты... Впрочем, не Моя воля, а Твоя да будет»?* И Он молился этой молитвой трижды. Он молился до тех пор, пока в Его сознании осталось только одно — исполнить волю Божью, вопреки воле Своей. Итак, во-первых, брать свой крест означает делать то же самое, что делал Иисус. Это означает сказать: *«Боже, не моя воля, но Твоя да будет».*

Во-вторых, крест является местом, на котором вам надлежит не только избрать волю Божью вместо своей, но и умереть. Иисус знал, что Он должен был умереть на кресте. Он принял крест, никто не мог навязать его Иисусу вопреки Его воле. Он сказал, что Он имеет власть отдать Свою жизнь и снова принять ее. Таким образом, Он положил Свою жизнь добровольно, а потом снова принял ее. Он принял крест добровольно, никто другой не мог возложить его на Иисуса. Ваш крест — это то, что вы принимаете добровольно.

Время от времени мне приходилось слышать от христиан довольно нелепые высказывания. Кто-то говорил, что его крестом является его жена или ее муж. Ну что ж, если вы можете взять или отложить свою жену или своего мужа, то возможно ваш супруг является вашим крестом. Кто-то говорил, что их крестом является болезнь. Что ж, если вы можете взять или отложить ее, тогда она является вашим крестом. Но, как вы понимаете, мы не можем этого сделать.

Наш крест связан с добровольным решением нашей воли. Только так он появляется в нашей жизни. Наш крест — это место нашей смерти. Как это происходит предельно ясно — точно так же, как в жизни Иисуса. В Гефсимании Он осознает волю Божью, которая противоречит Его чувствам и желанию, и говорит: *«Не Моя, но Твоя воля да будет»*. Иисус отвергает Себя. После этого, Он полагает Свою жизнь на Голгофе, умирая на кресте. Христос говорит, что все Его последователи будут следовать этому примеру. Они должны отвергнуть себя. Они должны последовать за Ним. Они должны быть согласны умереть на том месте, на котором Бог предопределил им придти к концу их собственной жизни.

Видите ли, есть жизнь, которую мы находим, и жизнь, которую мы теряем. Пока вы держитесь за свою собственную жизнь, которая так ценна для вас и так нравится вам, о которой вы заботитесь и которую вы так лелеете, эту душевную жизнь, которая хочет творить свою волю — до тех пор вы не сможете найти жизнь, которую Бог имеет для вас. Но если вы потеряете первую жизнь, если вы положите ее, тогда придет иная жизнь — скрытая Богом жизнь, которую Он откроет для вас. Жизнь в Его воле, которую мы находим за крестом.

Второе место Писания, которое мы рассмотрим, это слова Иисуса, которые говорят о том же самом, но используют другие образы. Евангелие от Иоанна 12:24-25:

*Истинно, истинно говорю вам: если пшеничное зерно, пав в землю, не умрет, то останется одно; а если умрет, то принесет много плода. Любящий душу свою погубит ее; а ненавидящий душу свою в мире сем сохранит ее в жизнь вечную.*

Видите ли вы здесь тот же самый принцип? Есть жизнь, которую необходимо потерять, которую необходимо положить. Затем, после того, как мы потеряем эту жизнь, мы найдем жизнь, которая будет совсем другой. Иисус использует образ маленького пшеничного зерна. Он говорит, что до тех пор, пока оно останется таким, какое оно есть само по себе, в руке сеятеля или там, где оно может храниться, то оно не может дать никакой жизни или плода.

Зерно имеет твердую оболочку и в этой твердой оболочке замкнута та потенциальная жизнь, которая есть в зерне. Иисус говорит, что это зерно должно упасть в землю из руки, которая держала его. Оно должно скрыться под поверхностью земли. Оно должно исчезнуть из вида, и погрузиться во тьму и сырость земли. Должны произойти перемены и эта твердая оболочка должна треснуть. Когда она треснет, и питательные вещества проникнут в сердцевину зерна, тогда произойдет чудо. Из этого зерна, которое, казалось бы, исчезло из поля зрения и умерло, произойдет совершенно новая жизнь. Сквозь землю пробьется зеленый росток новой жизни, который расцветет в лучах солнца, и мы увидим явное чудо.

Используя эту картину, Иисус говорит, вот что значит потерять свою жизнь и найти жизнь, которую Бог имеет для вас. Это означает придти к концу своих собственных способностей, своей собственной силы, своей собственной мудрости — оставить их, позволить им уйти — и после того, как все это умрет, когда внешняя скорлупа треснет, тогда придет новая жизнь. Вот к чему Иисус призывает нас. Он призывает к этому вас, Он призывает к этому меня. Иисус говорит, что мы должны отдать свою жизнь, которую мы держим в наших руках подобно маленькому зерну. Вы можете не отдавать ее. Но до тех пор, пока вы будете удерживать ее, пока вы будете говорить: «Это — мое...» — до тех пор это зерно останется одно и не принесет никакого плода.

Как много одиноких людей в мире. Знаете, почему они одиноки? Потому что они держаться за свою жизнь. Они заперты в тесной скорлупе своего «я». И хотя им тесно и одиноко, они не хотят отпустить свою жизнь. Иисус сказал, что если вы позволите ей уйти, если вы выпустите ее из своих рук, если вы позволите ей упасть в землю, если вы утратите контроль над ней, если вы позволите ей умереть, если вы позволите ей исчезнуть из поля зрения, если вы позволите ей — в определенном смысле — страдать, тогда благодаря смерти и страданию через некоторое время старая скорлупа лопнет и появится на свет новая жизнь.

Вот, что Иисус предлагает вам. Мне бы хотелось посоветовать вам прямо сейчас взять свою жизнь, которая находится в ваших руках, и отпустить ее, передать и подчинить ее Богу, позволить ей умереть. Это может казаться полным безрассудством, но только тогда на свет появится совершенно новая жизнь.

# ЧЕЛОВЕК, КОТОРЫЙ НАУЧИЛСЯ УСТУПАТЬ

Итак, мы с вами говорили о двух видах силы: первый вид силы — это тот, который знаком этому миру и принят им; второй вид силы — это та сила, которая приходит только от Бога и только через крест Иисуса Христа. В глазах этого мира второй вид силы является слабостью. Тем не менее, именно такая сила в конечном итоге достигнет триумфа, и будет управлять всей Вселенной.

В предыдущей части мы постарались ответить на вопрос: «Каким образом эта вторая сила может быть высвобождена в нашей жизни?» Как уже было сказано, я верю, что ключевым является слово: податливость. Эта сила высвобождается через нашу податливость. Мы рассмотрели два наглядных примера, которые приводил Иисус. Во-первых, Он говорил о том, что желающие следовать за Ним должны отвергнуть себя и ежедневно брать свой крест. Они должны делать это, говоря «нет!» своему «эго», отвергая свою собственную волю и желания, а затем добровольно придти на то место, где заканчивается их жизнь. Крест — это назначенное Богом место, где вы должны умереть.

Во-вторых, Иисус использовал притчу о пшеничном зерне, которое должно упасть в землю. Мы говорили о том, что это маленькое зерно будет оставаться одно и не принесет никакого плода до тех пор, пока оно будет находиться в ваших руках. Но если вы выпустите его из рук и позволите ему упасть в землю, то его твердая оболочка лопнет и откроется путь к новой жизни. Точно так же будет и с нашей жизнью. Наша собственная жизнь подобна этому зерну, которое, пока мы удерживаем ее в своих руках, остается одинокой и бесплодной. Но если мы отпустим свои руки и позволим ей умереть в земле, то это откроет путь к той новой жизни, которую Бог имеет для нас.

В нашей заключительной части мы рассмотрим Библейские примеры двух людей, которые научились податливости, и те результаты, которые последовали за их податливостью. Оба эти примера взяты из Ветхого Завета, и мы увидим, что эти принципы податливости начали действовать еще задолго до Нового Завета, где они нашли свое полное выражение в кресте Иисуса. Таким образом, Библия показывает, что тот же самый принцип действует в жизни всех слуг Божьих. Люди, которые действительно нашли Божье предназначение для своей жизни, это были люди, которые научились податливости.

Первый пример мы возьмем из жизни Авраама. Второй — из жизни Иакова. Пример Авраама мы находим в 13-й главе книги Бытие. В то время его имя было по-прежнему Аврам, оно не было изменено на Авраам. Они со своим племянником Лотом были скотоводами, странствующими вместе в земле Ханаанской — Земле Обетованной. Они оба стали очень богатыми людьми. У них было много стад скота, пастухов, имущества, шатров, слуг. Они стали настолько богаты, что не было такого места, которое могло дать достаточно воды и пищи для стад того и другого одновременно. Наступил такой момент, когда они уже больше не могли находиться вместе и должны были отделиться друг от друга. Мы читаем о том, как произошло это разделение в книге Бытие 13:5-11:

*И у Лота, который ходил с Аврамом, также был мелкий и крупный скот и шатры. И непоместительна была земля для них, чтобы жить вместе, ибо имущество их было так велико, что они не могли жить вместе. И был спор между пастухами скота Аврамова и между пастухами скота Лотова; и Хананеи и Ферезеи жили тогда в той земле.*

Вы понимаете, почему здесь упомянуто о хананеях и ферезеях? Это были потенциальные враги. Для Божьего народа очень опасно ссориться, когда вокруг находятся враги.

*И сказал Аврам Лоту: да не будет раздора между мною и тобою, и между пастухами моими и пастухами твоими, ибо мы родственники.*

К слову сказать, христиане должны научиться говорить то же самое друг другу: *«Давай не будем ссориться друг с другом, ибо мы братья»*. Отец веры Авраам является прекрасным примером в этом отношении. Вот, что он далее говорит Лоту:

*Не вся ли земля пред тобою? отделись же от меня: если ты налево, то я направо; а если ты направо, то я налево. Лот возвел очи свои и увидел всю окрестность Иорданскую, что она, прежде нежели истребил Господь Содом и Гоморру, вся до Сигора орошалась водою, как сад Господень, как земля Египетская; и избрал себе Лот всю окрестность Иорданскую; и двинулся Лот к востоку. И отделились они друг от друга.*

Позвольте сделать здесь паузу и прокомментировать этот момент. Авраам был старше по возрасту и по родству. Лот был моложе, и он был племянником — в определенном смысле он был в подчиненном состоянии. Авраам был духовным человеком. Именно Авраама призвал Бог. Именно Аврааму было обещано наследие. Он легко мог сказать: *«Ну что ж, я здесь главный, и меня призвал Бог. Земля обещана мне. Поэтому я намерен ее взять. Ну а ты можешь идти куда хочешь. Можешь поискать себе что-то другое»*. Но посмотрите, что сделал Авраам: он смирил себя, он не настаивал на своем. Его поведение лучше всего описать так: он уступил. Он сказал Лоту:

*«Выбирай первым. Возьми себе то, что тебе понравится, а я возьму то, что останется».* Какой прекрасный пример смирения, не так ли?

Что произошло в результате? Лот пошел туда, куда его влекла его душа, и это было нечестивое место. Он пошел в сторону Содома. Лот не научился говорить «нет» своей душевной жизни, как научился это делать Авраам.

Что же случилось с Авраамом? Позвольте мне прочитать эти прекрасные стихи из книги Бытие 13:14-17:

*И сказал Господь Авраму, после того как Лот отделился от него...*

Позвольте обратить ваше внимание на одну деталь. В переводе с еврейского имя Лот означает вуаль, которой прикрывают глаза. Для меня это говорит о многом, это описывает, кто такой был Лот. Он так и не освободился от вуали плотского, эгоистичного мышления. Хотя Лот был праведным человеком, но он был, если так можно выразиться, плотским праведником. На самом деле, внутри него не было закона духа. После того, как Лот отделился от Авраама, эта пелена была снята и с глаз Авраама.

*Возведи очи твои и с места, на котором ты теперь, посмотри к северу и к югу, и к востоку и к западу; ибо всю землю, которую ты видишь, тебе дам Я и потомству твоему навеки.*

Создается такое впечатление, что до тех пор, пока Лот был с Авраамом, тот не мог увидеть свое наследие. Он находился там, но не мог его видеть. Для этого ему необходимо было стать податливым. Смирение приносит откровение. Затем Бог говорит:

> *И сделаю потомство твое, как песок земной; если кто может сосчитать песок земной, то и потомство твое сочтено будет; встань, пройди по земле сей в долготу и в широту ее, ибо Я тебе дам ее.*

Как видите, Авраам не мог видеть свое наследие до тех пор, пока он не подчинился духовному принципу смирения. Это выглядит как глупость — отдать право выбора более молодому, который в принципе не может заявлять свои права — но это было ключом к откровению, благословению и наследию. То же самое касается и нас с вами. До тех пор, пока мы не научимся уступать, на наших глазах будет лежать эта пелена плотского мышления. Мы можем быть прямо посреди своего наследия, но мы не сможем увидеть его до тех пор, пока не научимся быть податливыми.

Моим вторым Библейским примером человека, который научился уступать, будет Иаков. Мы обратимся к отрывку, в котором описана его борьба с Богом. Но для начала нам необходимо рассмотреть предысторию этого события. Иаков, как и Авраам, бывший прежде него, был человеком, которого избрал Бог. Еще прежде чем Иаков и его брат-близнец родились, Бог сказал о том, что Иаков будет правителем и лидером. Однако Иаков должен был пройти тяжелый путь для того, чтобы научиться уроку смирения. Судя по всему, поначалу он имел совсем другое отношение к жизни, нежели Авраам. Иаков пытался сам, опираясь на свои силы, достичь благословения Божьего, которое должно было принадлежать ему.

Сначала он за тарелку супа купил первородство у своего брата Исава. Наверное, нельзя назвать этот поступок нечестным, но никак не братским. Однако он не удовлетворился первородством, он хотел получить отцовское благословение. Для этого, как вы помните, он использовал обман. Он притворился своим братом Исавом, вошел к отцу и обманным путем получил основное благословение, тем самым лишив такого благословения своего брата Исава. Само имя Иаков означало «получающий обманом» или «хитростью занимающий чужое место».

Однако, в результате своего обмана Иаков не получил ничего. Сразу после этого ему пришлось бежать из родного дома. Он должен был оставить землю своего наследства, не имея ничего в руках, кроме палки. Двадцать лет он находился в изгнании, работая на своего дядю Лавана. По окончании этих двадцати лет Господь проговорил ему, что настало время вернуться в его наследство. Тогда он взял своих жен, детей, свои стада и все свое имущество и пошел. По пути он пришел в одно место, которое находилось на границе его наследия, и послал впереди себя своих жен, детей, скот и все, что у него было, а сам ночью остался один. В эту ночь боролся с ним Некто.

Давайте прочитаем, что Библия говорит об этом в книге Бытие 32:24-31:

*И остался Иаков один. И боролся Некто с ним до появления зари; и, увидев, что не одолевает его, коснулся состава бедра его и повредил состав бедра у Иакова, когда он боролся с Ним. И сказал: отпусти Меня, ибо взошла заря. Иаков сказал: не отпущу Тебя, пока не благословишь меня. И сказал: как имя твое? Он сказал: Иаков. И сказал: отныне имя тебе будет не Иаков, а Израиль, ибо ты боролся с Богом, и человеков одолевать будешь. Спросил и Иаков, говоря: скажи имя Твое. И Он сказал: на что ты спрашиваешь о имени Моем? И благословил его там. И нарек Иаков имя месту тому: Пенуэл; ибо, говорил он, я видел Бога лицем к лицу, и сохранилась душа моя.*

Хотя Иаков боролся с человеком, это был не просто человек. Это был Ангел (т.е. Посланник) Божий. Это был Сам Бог. Это было то, что богословы называют явлением Христа до Его воплощения — явление Того, Кто проявился в истории человечества как Господь Иисус Христос. Человек, Бог и Посланник от Бога для людей. Теперь послушайте конец истории Иакова:

*И взошло солнце, когда он проходил Пенуэл; и хромал он на бедро свое.*

Понимаете ли вы смысл этого? Когда он ходил, опираясь на свою собственную силу, он блуждал вдалеке от своего наследия. Тогда он потерял все. Но прежде чем он вошел в свое наследие, ему пришлось научиться ковылять. Это относится и к нам с вами. До тех пор, пока мы опираемся на свою собственную силу, свои способности, свою сообразительность, мы подобны Иакову. Тогда мы сражаемся, прилагаем усилия, но не можем получить то, что Бог предназначил для нас. Но когда мы уже ковыляем, когда мы уже не ходим, опираясь на свою силу, тогда нам открывается путь в наше наследие.

Давайте подведем итог: Авраам смирился перед человеком, Иаков смирился пред Богом. Однако, и в том и в другом случае, их уступчивость открыла им путь к откровению Божьей воли и исполнению ее. То же самое касается моей и вашей жизни.

# ОБ АВТОРE

Дерек Принс родился в Индии в семье британских подданных. Он изучал философию, а также древнегреческий и латинский языки в самых известных учебных заведениях Великобритании — Итон-колледже и Кэмбриджском университете. Он также изучал иврит и арамейское наречие в Кэмбридже и Иерусалимском Еврейском университете.

В начале Второй мировой войны, находясь на службе в медицинском подразделении Королевской армии Великобритании, Дерек пережил сверхъестественную встречу с Иисусом Христом, которая изменила всю его жизнь. Вот что он свидетельствовал об этом:

«В результате этой встречи я сделал два вывода на всю свою оставшуюся жизнь: во-первых, что Иисус Христос жив; во-вторых, что Библия является истинной, важной и современной книгой. Эти два вывода коренным образом и навсегда изменили всю мою жизнь».

С тех пор Дерек Принс посвятил свою жизнь практическому исследованию Библии. Его всегда будут помнить за вклад в назидание Церкви и учение об освобождении от проклятия, месте Израиля в Божьем плане, основах учения Христова, освобождении от бесов, силе провозглашения, посте и молитве, событиях в конце времен в свете Писаний.

Основной дар Дерека Принса — толкование Библии ясным и простым образом. Неденоминационный, несектантский подход к истинам Писания сделал его учение доступным для людей разных национальностей и религиозных взглядов.

Его ежедневные радиопередачи "Ключи к успешной жизни" достигают 6-ти континентов и звучат на арабском, китайском, малайском, монгольском, русском, испанском и других языках и наречиях.

Он является автором более 40-ка книг, более 450-ти аудио- и 150-ти видеокассет для обучения, многие из которых были переведены и изданы на более чем 60-ти языках.

Миллионы верующих по всей земле считают Дерека Принса своим наставником и отцом в вере.

# СОДЕРЖАНИЕ

Дерек Принс

# СИЛА ЧЕРЕЗ СЛАБОСТЬ

www.ingramcontent.com/pod-product-compliance
Lightning Source LLC
Chambersburg PA
CBHW060625030426
42337CB00018B/3209